Matthias Müller-Friedrichs
Coco und Andy
Tipps für kleine Besseresser

MATTHIAS MÜLLER-FRIEDRICHS

Coco und Andy
Tipps für kleine Besseresser

Ein Ratgeber für Kinder mit Rezepten zum
Nachbacken und Nachkochen

Bibliografische Information der Deutschen Nationalbibliothek
Die Deutsche Nationalbibliothek verzeichnet diese Publikation in der
Deutschen Nationalbibliografie; detaillierte bibliografische Daten sind im
Internet über http://dnb.d-nb.de abrufbar.

Der Text ist unter Mitarbeit einer Diplom Ökotrophologin entstanden
Lektorat: Stefanie Hermes
Illustrationen und Coverillustration: Matthias Müller-Friedrichs

Umschlagdesign, Satz, Herstellung und Verlag:
BoD – Books on Demand, Norderstedt
ISBN: 978-3-7597-5372-4

Inhalt

Vorwort

Immer das Richtige zu Essen ist gar nicht so einfach. Das lernen in diesem Buch auch der lustige Affe Coco und sein Freund Andy, der kleine Bär. Staunend und charmant kommentieren die Freunde, was sie von Kalle Kochbär erfahren.

Überall lauern Fallen. Vieles ist zu süß, zu salzig oder zu fettig, weil viele Hersteller ihre Waren durch Zusatzstoffe „optimieren", also verändern. So verfälscht man durch künstliche Aromastoffe auch das Geschmacksempfinden von Zunge und Gaumen. Und das schon von jungen Menschen. Die Konzerne gewöhnen euch Kinder daran, ihren ganz speziellen Aromen zu folgen und dadurch wird oft auch zu viel gegessen.

Wie gut, dass die Freunde Coco und Andy auf dem Wochenmarkt ganz zufällig Kalle Kochbär kennen lernen. Er hat sogar eine Kochschule. Der schlaue Kalle kennt alle Tricks. Er weiß auch warum die Verpackungen für Kinderlebensmittel immer bunt und mit sympathischen Figuren versehen sind, die fast alle Kinder so sehr lieben. Kalle erklärt Coco und Andy ebenso, welche Vitamine wichtig sind und in welchen Lebensmitteln sie vorkommen. Auch was eine Lebensmittelpyramide ist und wozu man den „Nutri-Score" braucht, wird erklärt. Ebenso erfahren die Freunde, woraus ein Erdbeerjoghurt besteht, und sind über diese Erkenntnis gar nicht begeistert

„Tipps für kleine Besseresser" ist ein spannender Ratgeber für Kinder, unter Mithilfe einer Ernährungsberaterin. Diese nennt man Diplom Oecotrophologin. Ebenso ist dieses Buch ein guter Berater für Eltern, sowie für alle, die sich mit der Ernährung von Kindern befassen.

Und damit alle kleinen und großen Leser auch mal schmecken können, was gut und lecker ist, gibt es in diesem Buch drei Rezepte zum Backen und Nachkochen. Alles natürlich, lecker und gesund.

Geeignet für Jungen und Mädchen ab der Grundschule, mit vielen wissenswerten Fakten, die kindgerecht erklärt werden. Ein Buch, über das man spricht, damit alle Kinder schlauer werden, um immer bessere Lebensmittel auszuwählen.

Mit 11 farbigen Illustrationen vom Autor

Coco und Andy treffen Kalle Kochbär

Coco, der schlaue, lustige Affe und sein Freund Andy, der kleine, neugierige Bär, wohnen schon lange irgendwo in einer wunderschönen Landschaft am Waldrand in ihrem Holzhäuschen.

Immer wieder ziehen sie von hier aus in die Welt hinaus, um Abenteuer zu erleben und viele neue Dinge kennen zu lernen.

Das ist sehr interessant und macht auch ziemlich schlau...

Dieses Mal waren die beiden Freunde in einem Städtchen unterwegs, das viele gemütliche Häuser hatte. Hier gab es Bäcker, Metzger und einen Markt mit vielen Ständen. Man konnte auf dem Markt Gemüse kaufen, Gewürze, Blumen und vieles mehr. Es roch sehr lecker, nämlich nach vielen frischen Lebensmitteln.

Andy entdeckte schnell einen Stand mit allerlei Honigsorten und blieb begeistert stehen.

„Honig ist sooo süß und lecker", sagte er zum Affen Coco.

„Ich weiß", nickte der. „Mir ist Honig aber etwas zu süß!" überlegte Coco. „Komm, lass uns weiter gehen..."

„Ich möchte den Honig aber gerne mal probieren", antwortete der kleine Bär.

Das hörte die Marktfrau natürlich und lächelte. Sie nahm ein Holzstäbchen, tauchte es in ein Glas und gab es Andy. Der Bär war glücklich und schleckte den Honig ab.

„Na, schmeckt dir das?" fragte die Marktfrau.

„Klar, sehr gut. – Vielen Dank", antwortete Andy.

Neben den beiden Freunden stand inzwischen ein großer, starker Bär. Er trug eine weiße Kochjacke. Die Freunde hatten ihn noch gar nicht bemerkt.

„Honig ist etwas Gutes und ein echtes Naturprodukt", schwärmte er. „Ich nehme ein Glas!"

Nachdem er das Honigglas in seinem Einkaufskorb verstaut hatte, schaute er Coco und Andy an. „Ihr seid nicht von hier, oder?" fragte er.

„Nö", antwortete der Affe. „Wir sind unterwegs, um immer wieder Abenteuer zu erleben und dadurch Neues zu entdecken."

„Ihr seid aber auch echte Feinschmecker", lächelte der große starke Bär.

„Merkt man das?" wollte Andy wissen.

„Sofort! – Wer Honig mag, ist ein Feinschmecker. – Nun gut, bei Affen mache ich da eine Ausnahme..."

„Was?", beschwerte sich Coco.

HONIG
HONIG

„So habe ich das doch nicht gemeint“, entschuldigte sich der Bär. Seine weiße Kochjacke erstrahlte in der Morgensonne. „Affen mögen eher Gemüse und leckeres Obst. – Das ist doch klar und ebenso etwas für Feinschmecker!“

So, so, dachte Coco. Da hat er ja gerade noch mal die Kurve gekriegt!

„Ich bin übrigens Kalle, Kalle Kochbär und kenne mich nicht nur in der Küche aus, sondern auch mit Lebensmitteln!“

„Sehr interessant. Ich bin Andy und das ist Coco,“ sagte der kleine Bär.

„Wir sind viel unterwegs, um immer wieder neue Dinge zu lernen“, erklärte der Affe.

„Wollt ihr mehr über gesundes Essen erfahren?“ fragte Kalle.

„Gerne“, antwortete Coco.

„Na, dann kommt mal mit. Ich habe hier in der Nähe vom Wochenmarkt eine Kochschule...“

„Er hat eine Kochschule?“ flüsterte Andy seinem Freund zu.

„Toll! – Das wird bestimmt lecker“, meinte Coco.

So gingen die drei nur ein paar Schritte über den Marktplatz und bogen dann in eine Gasse ab, wo Kalle seine Kochschule hatte. Hier fanden sich alle bald in einer

Küche wieder. Kalle zeigte: „Hier arbeite ich und lehre alles, was man so über gesundes Kochen mir gesunden Lebensmitteln und gute Ernährung wissen muss. Das ist auch für Kinder wichtig!“, erklärte er.

Das konnten Coco und Andy sehr gut verstehen.

„Ich glaube, wir ernähren uns immer gesund“, überlegte Andy, der kleine Bär.

„Das glaube ich dir, denn Tiere haben ein natürliches Gefühl dafür, was ihnen gut bekommt“, stimmte Kalle zu. „Tiere finden auch praktisch alles, was sie brauchen, in der Natur. Die Menschen aber versuchen Lebensmittel ständig zu verändern. Sie sagen dazu „optimieren“. Sie fügen mehr Süße, mehr Salz, mehr Fett oder mehr künstliche Aromastoffe zu vielen ihrer Lebensmittel hinzu.“

„Hm“, wunderten sich die Freunde.

„Nun, zu viel Zucker und Fett machen dick und zu viel Salz macht hohen Blutdruck. Es belastet das Herz und den Kreislauf, aber auch die Nieren. Künstliche Aromastoffe machen zusätzlich süchtig und verfälschen den natürlichen Geschmack. Alles das ist sehr ungesund und kann krank machen“, erklärte Kalle.

„Aber warum machen die Menschen das?“, wollte Coco wissen.

„Weil man mit der Produktion von Lebensmitteln viel Geld verdienen kann. Außerdem wollen die Kunden immer alles einfach haben, weil ihnen oft die Zeit fehlt,

Gemüse zu schnippeln, leckere Soßen zu bereiten oder Vieles selbst zu machen. Die Industrie übernimmt das gerne und verändert Lebensmittel so, dass sie auch noch länger halten. Oder sie verändern viele Nahrungsmittel künstlich und versuchen alles, um manche Lebensmittel durch Zusatzstoffe in der Herstellung billiger zu machen..."

„An denen die Firmen so mehr Geld verdienen, weil sie ihre Lebensmittel oft auch teuer verkaufen?", überlegte Coco laut.

„Genau! Du bist aber ein schlaues Äffchen", lobte Kalle. „Ich könnte euch Dinge erzählen...", stöhnte der Kochbär.

„Was denn für Dinge?", wollte der kleine, neugierige Andy dann wissen...

Warum im Erdbeerjoghurt echte Früchte eher Dekoration sind...

„Ihr habt doch bestimmt schon mal Furchtjoghurt gegessen?"

„Klar!", meinten die Freunde wie aus einem Munde.

„Mit Erdbeeren esse ich den am liebsten", antwortete Coco.

„Ja, aber bestimmt keinen aus dem Supermarkt, oder? – Ihr mischt wahrscheinlich frische Erdbeeren in den Joghurt", war sich Kalle ziemlich sicher.

„Natürlich! Was auch sonst?" meinte Andy.

„Die Menschen, also ich meine die großen Firmen, sparen aber an Erdbeeren!"

„Im Erdbeerjoghurt?", wollte Coco wissen.

„Genau!"

„Warum?"

„Zu teuer! – Erdbeerjoghurt enthält oft zugesetzte Aromen und wenig Erdbeeren, dafür jedoch zu viel Zucker. Oft dienen dann Sägespäne oder Mikroorganismen aus

Schimmelpilzen als Grundlage für die Produktion der Aromastoffe. Die rosa Farbe im Erdbeerjoghurt stammt dann vom Rote Beete Saft."

„Igitt", schüttelte sich Andy. „Schimmelpilze und Sägespäne? Wie furchtbar!"

„Keine Angst", beruhigte Kalle die Freunde. „Diese Schimmelpilze sind weder giftig noch verdorben. Dafür aber billiger als richtige Erdbeeren. Künstliche Geschmacksstoffe schmecken wie echte und dazu noch viel intensiver. – Was glaubt ihr beiden, wie viele natürliche Erdbeeren in einem Becher Erdbeerjoghurt sind?" wollte der Kochbär wissen.

„Keine Ahnung!" meinte Coco.

„Wir gehen ja nicht in den Supermarkt", antwortete Andy.

„Ich sage es euch! Die Lebensmittelwirtschaft hat sich darauf geeinigt, dass in einem 150-Gramm-Becher mit Erdbeerjoghurt mindestens sechs Prozent Fruchtanteil drin sein sollten. Das ist umgerechnet etwa eine halbe Erdbeere", wusste Kalle ganz genau.

„So wenig?" wunderte sich Coco.

„Da lohnt es doch gar nicht, Erdbeerjoghurt zu essen...", meinte Andy.

„Oder es so zu nennen", fügte der Affe hinzu. „Da sind die Erdbeeren wohl eher eine Dekoration, oder?"

„So ungefähr! Vielen Kunden ist das aber oft egal, wenn es nur billig ist und so einfach gemacht wird, einen Becher mit fertigem Joghurt zu öffnen. Und an den künstlich intensiven Geschmack haben die Hersteller ihre Kunden längst gewöhnt – Ja, die Lebensmittelproduzenten waren in der Vergangenheit äußerst großzügig mit der Verwendung von Aromen... Daher sage ich immer: Lebensmittel, auf denen „Bio" steht, können oft von Vorteil sein. Die sind zwar teurer, aber meistens auch ehrlicher", meinte Kalle.

Übrigens: Ist die Erdbeere eine Frucht?

Bei der Erdbeere handelt es sich nicht um eine Beere, sondern um eine sogenannte Sammel-Nussfrucht. Die eigentlichen Früchte der Erdbeere befinden sich auf ihrer Oberfläche. Eine kleine, gelbgrüne Nuss reiht sich neben der anderen auf dem roten sogenannten Fruchtboden.

KALLE
Kochschule
Kalle Kochbär
Vorspeise
Hauptgericht
Nachtisch

Wie wichtig sind Vitamine?

„Wisst ihr, was Vitamine sind?" fragte Kalle. „Die sind gesund und der Körper braucht sie", überlegte Coco.

„Genau", stimmte der Kochbär zu. „Vitamine sind ganz bestimmte Stoffe. Der Mensch, aber auch Tiere, brauchen sie, um zu überleben und um gesund zu sein. Allerdings kann der Körper des Menschen die meisten dieser Stoffe nicht selbst herstellen. Darum müssen wir Dinge essen und trinken, die Vitamine enthalten. Vitamine gehören zu den Mikro-Nährstoffen, also zu den sehr winzig kleinen Nährstoffen. Sie sind nahezu bei jedem lebensnotwendigen Ablauf in deinem Körper beteiligt..."

„Aha", nickten Coco und Andy.

„Vitamine und Mineralstoffe sind nicht nur für Kinder im Wachstum wichtig. Mit einer abwechslungsreichen Ernährung ist der Körper in der Regel gut mit Vitaminen und Mineralstoffen versorgt...", begann Kalle zu erzählen. „Man unterscheidet zwischen fettlöslichen und wasserlöslichen Vitaminen. Fettlösliche Vitamine kann der Körper speichern. Wasserlösliche Vitamine kann der Körper nicht speichern.

Die Menschen haben Vitamine in Buchstaben von A bis K und dann teilweise auch noch in Zahlen eingeteilt."

„Um sie besser wieder finden zu können, so wie im Inhaltsverzeichnis von einem Buch?" überlegte Coco.

Der Kochbär nickte. „So könnte man das sagen. – Also erzähle ich euch erst mal etwas über...

Die fettlöslichen Vitamine...

Das **Vitamin A** ist wichtig für die Funktion und den Schutz von Haut, Augen und Schleimhäuten. Es kommt in tierischen Lebensmitteln, beispielsweise in Fisch, Milch, Eigelb und Leber vor. Vitamin A kommt aber auch in pflanzlichen Lebensmitteln vor. Das ist vor allem in gelbem und orangefarbenem Obst und Gemüse enthalten. Es ist wichtig, gleichzeitig ein fetthaltiges Lebensmittel zu essen, wie etwa eine Scheibe Brot mit Frischkäse und dazu eine Möhre. Bei Vitamin A-haltigen tierischen Lebensmitteln ist hingegen durch die Natur ausreichend Fett enthalten.

Das **Vitamin D** regelt den Calcium- und Phosphathaushalt (Phosphat ist ein Mineralstoff, welcher unter anderem zusammen mit Calcium für die Stabilität unserer Knochen verantwortlich ist) und somit für gesunde Knochen und Zähne sorgt. Es hat unter den Vitaminen eine Sonderstellung, denn der Körper kann über zwei Quellen mit Vitamin D versorgt werden. Zum einen wird es dem Körper über das Essen zugeführt, zum anderen kann der Körper es durch das Sonnenlicht selbst bilden. Daher nennt man Vitamin D auch das „Sonnenvitamin". Nur wenige Lebensmittel, wie fettreicher Fisch (Lachs, Hering oder Makrele) und Eigelb, enthalten nennenswerte Mengen an Vitamin D. Die Menge, die wir über unsere Nahrung aufnehmen, ist somit zu gering, um unseren Körper ausreichend damit zu versorgen. Den größeren Beitrag leistet die körpereigene Bildung von Vitamin D eben durch das Sonnenlicht. Je nach Hauttyp tragen 5 bis 25 Minuten täglich – in der Zeit von 10 bis 15 Uhr – im Freien zu sein, wesentlich zur Vitamin D-Versorgung bei.

Das **Vitamin E** ist eines der wichtigsten Schutzvitamine und in jeder Zelle des Körpers vorhanden. Es verhindert den Abbau der Vitamine A und D durch Oxidation, so dass es auch als Antioxidans („Radikal-Fänger") bezeichnet wird. Das Vitamin E stärkt das Immunsystem und wirkt entzündungshemmend. Es kommt in pflanzlichen Ölen, Vollkornprodukten und Nüssen vor.

Das **Vitamin K** ist besonders wichtig für die Blutgerinnung und sorgt dafür, Blutungen zu stoppen, wenn wir uns zum Beispiel verletzt haben. Ein Mangel an Vitamin K kann zu starken Blutungen führen, auch bei kleinsten Verletzungen. Neugeborene erhalten in den ersten Lebenstagen vorsorglich eine Dosis Vitamin K, um über die Muttermilch hinaus optimal versorgt zu sein. Vitamin K findet sich vor allem in pflanzlichen Lebensmitteln wie Spinat, Mangold, Blumenkohl sowie in Hülsenfrüchten, grünen Bohnen und Kichererbsen.

Die wasserlöslichen Vitamine...

»Jetzt erzähle ich euch etwas über die wasserlöslichen Vitamine... Hierzu gehören die B-Vitamine und Vitamin C. Im Gegensatz zu den fettlöslichen Vitaminen können sie nur sehr begrenzt im Körper gespeichert werden. Das heißt, du musst sie sehr regelmäßig zu dir nehmen.

Das **Vitamin B1** spielt eine wichtige Rolle im Nervensystem und ist am Energiestoffwechsel und der Herzgesundheit beteiligt. Besonders Vitamin B1-reich sind Vollkornprodukte, Hülsenfrüchte und Schweinefleisch.

Das **Vitamin B2** ist wichtig für die Gesundheit von Haut, Augen und Nägeln. Wertvolle Vitamin B2-Lieferanten sind Milch, Milchprodukte sowie Getreidekeime und tierische Fleischprodukte von Schwein, Rind, Wild und Geflügel.

Das **Vitamin B6** beeinflusst den Stoffwechsel, Hormone und Nerven und spielt bei der Eiweißverdauung und der Entgiftung eine wichtige Rolle. Es ist in pflanzlichen und tierischen Lebensmitteln zu finden. Besonders gute tierische Quellen sind Fisch, Fleisch und Leber. Bei den pflanzlichen Lebensmitteln sind Nüsse, Vollkorngetreide, Kartoffeln, Hülsenfrüchte und Gemüsesorten wie Tomaten, rote Paprika und Karotten gute Vitamin B6-Quellen.

Das **Vitamin B12** kann im Körper über einen längeren Zeitraum gespeichert werden – und zwar in der Leber. Es ist an der Bildung von roten Blutkörperchen und Zellkernen beteiligt. Es ist wichtig für die Nervenfunktion und kommt in allen tierischen Lebensmitteln vor, auch beispielsweise wieder in Fleisch, Fisch, Eigelb, Leber und Milchprodukten.

In pflanzlichen Lebensmitteln kommt B12 nicht vor. Möglicherweise sind aber sehr geringe Mengen Vitamin B12 in vergorenen Lebensmitteln wie Sauerkraut, milchsauren Gemüsen oder fermentierten Sojaprodukten enthalten.

„Wisst ihr, was Fermentieren ist?"

„Nö", meinten Coco und Andy und schüttelten die Köpfe.

„Fermentieren hat nichts mit Tieren zu tun. Durch das Fermentieren entsteht Säure. Diese ist dafür verantwortlich, dass wichtige Bakterien die Lebensmittel nicht verderben. Sauerkraut und Pflanzen alleine würden aber nicht ausreichen, um eine ausreichende Versorgung zu bekommen.

Dann gibt es noch **Biotin**. Es fördert die Neubildung von Haarwurzeln wie des Nagelbetts und ist an vielen Stoffwechselprozessen sowie am Zellwachstum beteiligt. Hohe Biotin-Gehalte finden sich unter anderem Eiern. Auch in pflanzlichen Lebensmitteln wie Haferflocken und Weizenkeimen. Ebenso sind Champignons gute Biotin-Lieferanten.

Auch **Fola**t ist wichtig für den Körper. Es ist an einer Reihe von Stoffwechselprozessen beteiligt und somit sehr wichtig für alle Wachstums- und Entwicklungsstufen.

Stoffwechselprozess heißt nicht, ein anderes Kleidungsstück anzuziehen. Stoffwechselprozesse passieren im Körper und zwar durch chemische Veränderungen und Umwandlungen von Nahrung und ihren Inhaltsstoffen. Laufen alle Stoffwechselprozesse reibungslos ab, leben die Zellen in friedlicher Harmonie miteinander.

Folat kommt vor allem in grünem Gemüse, insbesondere Blattgemüse und Tomaten, Hülsenfrüchten, Nüssen, Orangen, Vollkornprodukten sowie Kartoffeln, Leber und Eiern vor. Die synthetische, also von Industriefirmen hergestellte Form des Vitamins, heißt Folsäure. Sie wird zur Anreicherung, also einer Erhöhung der Wirkung von Lebensmitteln und in Vitaminpräparaten verwendet.

Kommen wir nun zum **Vitamin C**, das wohl alle kennen. Es unterstützt das Immunsystem und fördert die Wundheilung. Die besten Lieferanten sind Obst und Gemüse. Insbesondere Gemüsepaprika, schwarze Johannisbeeren und Petersilie haben einen hohen Gehalt. Aber auch Zitrusfrüchte, Kartoffeln, Kohl, Spinat und Tomaten enthalten viel Vitamin C.

Das **Niacin** ist am Energiestoffwechsel sowie Auf- und Abbau von Fett, Eiweiß und Kohlenhydraten beteiligt. Niacin ist besonders in Fisch, Fleisch aber auch in Leber enthalten. Aber auch pflanzliche Lebensmittel wie Erdnüsse, Pilze und Mungobohnen haben einen hohen Niacin-Gehalt.

Und das **Vitamin B5** ist wichtig für den Energiestoffwechsel. Es ist im Körper am Abbau von Fett, Eiweiß und Kohlenhydraten beteiligt. Vitamin B5 kommt in fast allen Lebensmitteln vor. Gute Quellen sind Leber, Fleisch, Vollkornprodukte und Hülsenfrüchte. – Soweit erst mal die wichtigsten Vitamine", beendete Kalle Kochbär zunächst seinen langen Vortrag.

„Was du alles weißt", bewunderte ihn der Affe.

„Essen ist aber ganz schön kompliziert", stellte Andy fest. „Wenn ich etwas esse, habe ich noch nie darüber nachgedacht, was da alles drin ist."

„Klar, das macht ja auch dein Körper für dich, weil er schlau ist. Doch die Menge an veränderten Lebensmitteln überall in den vielen Läden von unglaublich vielen Herstellern ist inzwischen riesig groß. Auch Kinder sollten genau wissen, woraus Lebensmittel bestehen und was darin enthalten ist. Wenn Kinder und Eltern dann Vieles kennen, essen die Menschen auch nicht zu viel von den ungesunden Dingen", erklärte der schlaue Kalle.

„Das kann ich gut verstehen. Die Leute von der Lebensmittelindustrie sagen ja auch nicht alles, was sie in ihre Nahrungsmittel hineinmischen, oder was sie lieber für sich behalten", überlegte der Affe.

„Da hast du recht Coco! Vieles wird auch so ausgedrückt, dass du es nicht verstehst, obwohl es auf der Packung draufsteht", wusste Kalle ganz genau.

„Wie meinst du das denn?" wollte jetzt Andy wissen.

Kalle schaute seine beiden Besucher an. „Ich gebe euch mal ein Beispiel: Alle Worte, die auf einer Lebensmittelpackung stehen und mit „ose" enden, also „Fruktose", „Saccharose", „Maltose" und „Glucose" oder auch – „Sirup" (wie in Malzsirup) und vieles andere, deutet auf zugesetzten Zucker hin. – Das Ungesunde wird somit sehr gut im Wirrwarr vieler Worte versteckt."

„Meine Güte, da muss man ja erst mal in die Schule gehen, um das alles zu wissen", staunte Coco.

„Viele Hersteller sind nun mal „Verführer" und Kinder lassen sich besonders leicht verführen, weil sie ebenso manches vom Taschengeld kaufen, was ihnen schmeckt. Vieles davon ist aber oft zu süß oder zu salzig. Die meisten Kinder achten auch nicht auf die Inhaltsstoffe von Lebensmitteln, weil alles einfach zu lecker ist. – Da es beim ersten Mal so gut geschmeckt hat, will man es dann immer wieder essen", ergänzte der Kochbär. „So werden Kinder von bestimmten Lebensmitteln abhängig gemacht."

„Viele sehr lieb schauende „Verführer" wurden extra für ungesunde Lebensmittel erfunden. Sie sind immer wieder auf unzähligen bunten Packungen zu finden. Dazu gehören Kinderwurst und Kartoffelsnacks, die zu salzig sind. Aber ebenso Schokolade und Pudding, die zu viel Zucker und künstliche Aromastoffe enthalten", erklärte der schlaue Kalle. Er zeigte Coco und Andy nun einige Beispiele.

„Schaut mal, es sind oft Helden aus Filmen und Büchern, wie süße Einhörner, starke Löwen, lustige Teddybären, Kühe mit Brille, oder Pinguine watscheln in der Fernsehwerbung über den Bildschirm. Sogar Schokolade mit Spielsachen und vieles andere, was Kinder toll finden, gibt es in großen Mengen und sehr viel Auswahl. Alle Figuren lachen natürlich. Oft heben sie auch den Daumen nach oben und wollen Kindern zeigen, wie schlau Hasen, Kühe und Teddybären doch sind…“

„Die sehen wirklich echt nett aus“, stellte Coco fest.

„Das könnten sogar unsere Freunde sein, wenn sie nicht so hinterhältig wären“, meinte Andy etwas traurig.

„Diese Tiere und Figuren verführen Kinder, bestimmte Lebensmittel zu kaufen. Wenn einen alles so schön anlacht, kann das doch nicht schädlich sein, denken viele. So landet Manches davon schnell im Einkaufskorb. Auch wenn es oft – in zu großen Mengen gegessen – nicht nur minderwertig, sondern ebenso viel zu teuer ist… So gewinnt die Lebensmittelindustrie am Ende sehr oft gegen die Eltern, die eigentlich alles richtig machen möchten. Und die Lebensmittelhersteller verdienen durch ihre Tricks viel Geld und das sorgt für hohen Umsatz!“, wusste Kalle Kochbär ganz genau.

„Habt ihr inzwischen Hunger bekommen?“ fragte er dann.

„Klar“, meinten Coco und Andy.

„Was haltet ihr davon, wenn wir jetzt zusammen backen?" fragte Kalle.

„Was gibt es denn?" wollte Andy wissen.

Kalle grinste. „Ich denke, über mein Rezept wird sich Coco besonders freuen."

„Echt?" fragte der Affe.

„Dann ist es etwas mit Bananen!", meinte der kleine Bär ziemlich schlau

„Genau!"

„Toll! Kuchen mit Bananen. Wird es eine Bananentorte?", spekulierte Coco.

„Nicht ganz", verriet Kalle. „Es gibt Bananenmuffins ohne Zucker. Die sind auch ohne Zucker süß genug...", wusste der Kochbär. „Und, Andy? Magst du auch Bananen?", wollte er dann wissen.

„Klar!", freute sich der Bär.

Rezept für:
Bananenmuffins ohne Zucker

<u>Zutaten:</u>

150 Gramm Dinkelmehl
100 Milliliter Milch
2 Bananen
2 Eier
1 Teelöffel Backpulver

Vorbereitungszeit
15 Minuten
Zubereitungszeit
15 Minuten
Aus dem Teig kann
man 12 Muffins backen
(157 Kalorien)

<u>Zubereitung:</u>

1. Eine Banane pürieren oder mit einer Gabel zerdrücken
2. Milch, Eier und Mehl dazugeben und alles mit einem Rührgerät zu einer gleichmäßigen (homogenen) Masse verrühren
3. Backpulver auf niedrigster Stufe unterrühren
4. Die zweite Banane in Scheiben schneiden und unter den Muffin-Teig heben
5. Den Teig gleichmäßig auf die Muffin-Förmchen verteilen
6. Den Ofen auf 180° vorheizen
7. Muffins 15 bis 20 Minuten backen

Schnell hatten die drei alles vorbereitet und den Teig in den Ofen geschoben. Sie konnten anschließend das süße Ergebnis kaum abwarten.

Dann klingelte der Küchenwecker.

„Fertig!", freuten sich alle. Aber es dauerte noch einen Moment, bis die Muffins abgekühlt waren. Dann durfte endlich probiert werden. Hmm, das schmeckte allen sehr lecker!

Gut gestärkt hatte Kalle Kochbär nun noch etwas über Mineralstoffe zu erzählen, die für den Körper wichtig sind...

Welche Mineralstoffe sind für den Körper wichtig?

„Nun, der Körper braucht auch Mineralstoffe...", erklärte Kalle Kochbär weiter.

„Mineralstoffe sind lebensnotwendige Nährstoffe, die der Körper nicht selbst herstellen kann. Daher müssen sie mit der Nahrung oder über Nahrungsergänzungsmittel aufgenommen werden...

Hierzu gehört zum Beispiel **Calcium**. Es hilft beim Aufbau von Knochen und Zähnen und sogar der Regulierung des Herzschlags und der Muskelbeweglichkeit. Für Kinder ist Calcium besonders wichtig, da sich ihr Skelett noch im Aufbau befindet. Alle Milchprodukte, Nüsse, calciumreiches Mineralwasser und dunkelgrünes Gemüse wie Brokkoli sind gute Calciumlieferanten.

Natrium ist ein Salz und **Chlorid** ein Metall. Zusammen ergibt diese Verbindung unser Speisesalz.

Natrium ist im Körper an der Regulierung des Wasser- und Säure-Basen-Haushalts sowie des Blutdrucks beteiligt. Salz (Natriumchlorid) kommt natürlicherweise oder durch Zusatz in fast allen Lebensmitteln vor.

Chlorid reguliert ebenso den Wasser- und den Säure-Basen-Haushalt im Körper und beeinflusst zusammen mit Natrium den Blutdruck. Wir nehmen Chlorid vorrangig über Speise- oder Meersalz (Natriumchlorid) auf.

Hauptquelle für Chlorid sind daher vor allem verarbeitete Lebensmittel.

Einen oft hohen Natriumgehalt haben besonders verarbeitete Lebensmittel wie Brot, Käse und Wurstwaren. Ihnen wird bei der Verarbeitung wie Herstellung Salz beigefügt.

Daher nie zu viel Salz essen, denn das ist schädlich!

Kalium spielt bei der Regulierung des Wasserhaushaltes und des Blutdrucks eine große Rolle. Zudem ist es wichtig für die Funktion des Herzens. Gute Kaliumquellen sind Bananen, Trockenobst, Karotten, Kohlrabi, Hülsenfrüchte und Getreidesorten wie Dinkel, Roggen und Buchweizen.

Magnesium ist wichtig für die Muskeln, für die Verbindung zwischen Nerven- und Muskelzellen sowie für die Herztätigkeit. Und auch am Aufbau von Knochen und Zähnen ist der Mineralstoff beteiligt. Magnesium ist überwiegend in pflanzlichen Lebensmitteln enthalten, etwa in Nüssen, Bananen, Haferflocken und anderen Getreiden wie Weizen, Dinkel, Gerste, Roggen oder Buchweizen.

Phosphor trägt zur Energiegewinnung und dem Erhalt von Knochen und Zähnen bei. Es wird über die Nahrung in Form von Phosphat aufgenommen und ist praktisch in allen Lebensmitteln enthalten. Es kommt vor allem in eiweißreichen Lebensmitteln wie Milch und Milchprodukten, Fleisch, Fisch und Hülsenfrüchten vor...“

„Und das musst du alles wissen, wenn du leckere Sachen kochst oder backst?“, fragte Affe Coco etwas überfordert.
„Nun, es ist gut, wenn man alle Inhaltsstoffe von Lebensmitteln kennt. Das nennt man Biochemie“, meinte Kalle.
„Und was ist Biochemie?“, wollte dann Andy wissen.
„Die Biochemie oder biologische Chemie ist die Lehre von chemischen Vorgängen in den Lebewesen und im Stoffwechsel, also im Körper und was in ihm vorgeht. Chemie, Biologie und Medizin sind in der Biochemie eng miteinander verbunden. Die Bio-Chemie beschäftigt sich – einfach gesagt – mit der Chemie des Lebens.“

„Ist euch das viele Wissen langweilig?“, wollte der Bär wissen.
„Nö, es ist doch wichtig“, meinten die Freunde.

Was sind Spurenelemente?

Das Spurenelement ist ein chemisches Element, oder auch Urstoff genannt, das nur in sehr geringer Menge oder besser gesagt in winzigen Spuren vorkommt…

Eisen ist nicht nur ein Metall, aus dem man Dinge baut, oder das mit Sauerstoff zusammen rostig wird, sondern auch ein Bestandteil des roten Blutfarbstoffes und maßgeblich an der Sauerstoffversorgung des Körpers beteiligt. Es findet sich vor allem in Fleisch, aber auch einige Obst- und Gemüsesorten sowie Hülsenfrüchte und Getreide sind gute Eisen-Lieferanten. Die Aufnahme von Eisen aus tierischen Produkten ist für den Körper einfacher als aus pflanzlichen.
„Bei einer vegetarischen oder veganen Ernährung, also

wenn Menschen keine tierischen Produkte essen, sollte auf eine ausreichende Eisenzufuhr geachtet werden.

Zu eisenhaltigen Speisen sollte man gleichzeitig Vitamin C-reiche Lebensmittel essen, da Vitamin C die Eisenaufnahme erhöht. Als Nachtisch darf man zum Beispiel gerne eine Orange oder Kiwi naschen", lächelte Kalle.

„Lecker!", meinten Coco und Andy.

„So hat also sehr Vieles zu wissen auch köstliche Momente, weil man weiß, was gesund ist", freute sich der Affe.

Kalle Kochbär schaute die Freunde an. „Es gibt aber noch mehr Mineralstoffe...

Fluorid ist für die Gesundheit von Knochen und Zähnen sowie die Wundheilung mitverantwortlich. Fluorid ist in Mineral- und Trinkwasser, Schwarztee, Fischen und Meeresfrüchten enthalten. Fluorid wird ebenso Speisesalz und Zahnpasta zugesetzt.

Jod trägt zu einer optimalen Funktion der Schilddrüse und somit zu einem ausgeglichenen Hormonhaushalt bei. Um die Jodversorgung in Deutschland zu verbessern, wurden beispielsweise Futtermittel mit Jod angereichert.

So enthalten Milch, Eier und Fleisch heute mehr Jod als früher. Insgesamt tragen der Verzehr von Seefisch, Milch und Milchprodukten sowie die Verwendung von jodiertem Speisesalz zu einer optimalen Jodversorgung bei.

Selen ist an verschiedenen Stoffwechselprozessen beteiligt. Es bezwingt freie Radikale, ist Bestandteil von Proteinen und wird für die Produktion der Schilddrüsenhormone benötigt.

Wir erinnern uns, dass auch **Vitamin E**, eines der wichtigsten Schutzvitamine, in jeder Zelle des Körpers vorhanden ist. Auch Vitamin E wird als „Radikal-Fänger" bezeichnet und verhindert den Abbau der Vitamine A und D durch Oxidation (Zerfall), so dass es auch als „Antioxidans" bezeichnet wird.

Selen ist in höheren Mengen in tierischen Lebensmitteln zu finden, etwa in Fleisch, Wurst, Eiern und Fisch. Gute pflanzliche Quellen sind Paranüsse, Spargel, Pilze, Hülsenfrüchte sowie Kohlgemüse und Zwiebeln.

Kommen wir zum letzten Mineralstoff", schloss Kalle seinen Vortrag ab...

„Zink ist wichtig für das Wachstum der Zellen und die Wundheilung. Gute tierische Zinklieferanten sind Rind- und Schweinefleisch, Käse, Milch und Eier. Gute pflanzliche Zinklieferanten sind auch Nüsse und Getreide wie Weizen- oder Roggenkeimlinge.

Das Fett in Nüssen liefert hauptsächlich einfach und mehrfach ungesättigte Fettsäuren, die positive Eigenschaften haben.

Man muss Fette unterscheiden. Es gibt ungesättigte (*gesunde*) und gesättigte (*ungesunde*) Fette...

Darüber hinaus enthalten Nüsse Mineralstoffe und Vitamine – vor allem Vitamine aus der B-Gruppe und Vitamin E – sowie Kalium, Natrium, Magnesium und Phosphor.

Walnüsse tragen durch ihren hohen Anteil an „Alpha-Linolsäure" dazu bei, die Elastizität der Blutgefäße zu verbessern. Also im Sinne einer vorbeugenden Ernährung täglich eine Handvoll Nüsse essen. Das ist ein wichtiger Bestandteil einer ausgewogenen Ernährung."

„Und das muss man alles wissen, wenn man kocht?", fragte Andy. „Ich hätte nie gedacht, das Lebensmittel so kompliziert sind."

„Ein Grundwissen sollte man schon haben", meinte der ziemlich schlaue Kalle.

„Wird man krank, wenn man das alles nicht weiß?", wollte Coco nun wissen.

Der Kochbär schüttelte den Kopf. „Nein! Wenn man viel gesundes Obst, viel Gemüse, möglichst „Bio", also Obst und Gemüse, das im Wachstum ohne chemische Mittel behandelt wurde, und auch mal Fleisch isst, ist das für den Körper immer gut. Man darf nur nicht zu viel Fleisch, Zucker, Salz und Fett essen. Leider tun das aber viele Kinder und auch Erwachsenen zu oft."

Vegetarische und Vegane Ernährung

Gibt es auch für euch Kinder Gründe, auf Fleisch und Fisch zu verzichten?

„Das habt ihr doch bestimmt auch schon gehört. Es gibt manche Kinder und ihre Eltern, die darauf verzichten, Tiere zu essen oder tierische Produkte. Das nennt man vegetarisch", erklärte Kalle Kochbär.

„Warum?", wollte Andy wissen.

„Vegetarisch lebende Eltern möchten ihr Kind meistens ebenfalls fleischlos ernähren. Manchmal sind es aber auch die Kinder, die plötzlich auf Fleisch verzichten, weil ihnen bewusst wird, dass sie keine toten Tiere essen wollen. Oft ist dann von heute auf morgen Schluss mit Schnitzel und Wurstbrot", meinte der Kochbär.

„Irgendwie kann ich das verstehen", überlegte Coco. „Wir Affen sind ja eigentlich auch Vegetarier."

„Kein Fisch?", fragte Andy enttäuscht. – „Nö, das möchte ich nicht."

„Und kein Honig!", fügte Kalle hinzu.

„Auch kein Honig? Warum das denn?", fragte Andy traurig.

„Weil es neben Vegetariern auch vegan lebende Menschen gibt – das ist noch eine Stufe mehr wie vegetarisch – Das heißt zum Beispiel, den Bienen keinen Honig klauen, den Kühen keine Milch weg trinken und den Hühnern nicht ihre Eier weg zu essen! Diese Leute tragen auch keine Kleidung aus Leder oder Fellen", erklärte der Kochbär.

„Eigentlich hat eine vegetarische Ernährung viele Vorteile und ist gesund. Das weiß man schon lange. Wie schaut es aber bei den Kindern aus? Und ist für Kinder automatisch das gut, was auch für Erwachsene gut ist? Wie lässt sich bei Kindern, die sich vegetarisch ernähren, ein Nährstoffmangel vermeiden? Das möchte ich euch gerne erklären...

Kinder vegetarisch zu ernähren ist problemlos möglich – mit einer ausgewogenen Ernährung, bei der die

Kinder viel Obst und Gemüse essen. Bei euch Kindern sollten aber Milch und Eier auf dem Speiseplan stehen. Es wurde festgestellt, dass ihr Kinder dann ausreichend mit den Hauptnährstoffen, den meisten Vitaminen und Mineralstoffen versorgt seid.

Trotzdem sollten sich eure Eltern genau über den Nährstoffbedarf heranwachsender Kinder und Jugendlicher informieren und sich gut beraten lassen. „Vegetarische Ernährung als Dauerkost" ist bei Kindern aber möglich.

Bei veganer Ernährung von Kindern sollte man dagegen vorsichtiger sein. Wichtig ist hier immer eine sehr sorgfältige Auswahl an Lebensmitteln.

Es ist wie immer im Leben: Die Mischung macht's

Wichtig bei der gesunden Familienkost ist eine gute, abwechslungsreiche Mischung. Da macht es erstmal keinen Unterschied, ob die Familie vegetarisch isst oder nicht. Manche Kinder gesund zu ernähren ist oft gar nicht so leicht: Viele Kinder haben sehr spezielle, häufig einseitige Vorlieben, wollen nicht das essen, was auf dem Tisch steht und tun sich häufig mit allem Grünen schwer", meinte Kalle.

„Das ist bei uns anders. Wir mögen Grünes", sagten Coco und Andy.

„Wir essen sehr gerne Salat und Gemüse", fügte der Affe hinzu.

„Das finde ich toll", bestätigte Kalle. „Aber wenn kein Fleisch und Fisch auf dem Speisezettel stehen, ist die Gefahr einer einseitigen Ernährung und eines Nährstoffmangels noch ein bisschen größer. Daher gilt: Je bunter und abwechslungsreicher der Speiseplan, desto besser!"

„Das ist doch logisch! Oder?", überlegte Andy.

„Klar! Denn je mehr Lebensmittelgruppen aus der Ernährung ausgeschlossen werden, desto größer ist die Gefahr, dass die gewählte Kostform zu einer Fehlernährung und dadurch zu Mangelerscheinungen führt", erklärte Kalle. „Diese Gefahr besteht übrigens auch bei einer einseitigen Mischkost mit Fleisch!"

„Das ist doch auch logisch!", meinte Coco der schlaue Affe.

„Die Menschen erforschen alles, weil sie neugierig sind", wusste der Kochbär. „So fanden sie in drei Jahren heraus, dass Größenwachstum, Gewicht und die Nährstoffversorgung von Kindern, die sich vegetarisch ernähren, und Kindern, die Fleisch essen, in Größe und Gewicht etwa gleich sind. Also, jeder kann nach seinem Wunsch essen, was er möchte, wenn die Inhaltsstoffe von Lebensmitteln ausgewogen zusammengestellt werden", meinte Kalle.

„Das ist doch toll", war besonders Andy, der kleine Bär, begeistert. Er freute sich schon auf sein nächstes Honigbrot und eine leckere Fischmahlzeit.

„Oberstes Ziel bei der vegetarischen Ernährung von Kindern und Jugendlichen ist aber, dass sie nicht zu sogenannten „Pudding-Vegetariern- und Vegetarierinnen" werden", fügte der Kochbär hinzu.

Da mussten Coco und Andy aber lachen. „Was ist das denn?", fragten sie.

„Nur Toastbrot, Pommes und Süßes zu essen ist nicht gesund. Aber darüber habe ich euch ja schon einiges erzählt", antwortete Kalle. „Es darf also kein Nährstoffmangel entstehen. Wichtig ist, auf eine gute Versorgung mit **Eisen, Omega-3-Fettsäuren, Zink und Vitamin B12** zu achten. Darüber haben wir ja auch schon bei Nichtvegetariern gesprochen."

„Eisen?" fragte Coco erstaunt.

„Du musst natürlich keine Eisenstange anknabbern. Eisen ist in Nahrungsmitteln enthalten. Darüber habt ja schon etwas bei den „Spurenelementen" erfahren. Eisen ist aber nicht gleich Eisen: Der Körper kann pflanzliches Eisen schlechter aufnehmen als tierisches. Mit der Folge, dass vegetarisch essende Kinder häufiger unter Eisenmangel leiden.

Am besten nimmt der Körper pflanzliches **Eisen** aus

Getreideprodukten zusammen mit Vitamin C auf. Aber Vorsicht! Milchprodukte hemmen die Eisen-Aufnahme!

Als Tipp sage ich, wenn sich Kinder vegetarisch ernähren, kombiniert man das am besten mit Getreide und Vitamin C-haltigem Obst oder Gemüse. Zum Müsli gibt's zum Beispiel ein Glas Orangensaft, zu den Vollkornnudeln Paprika oder Brokkoli.

Gute Eisenlieferanten sind auch: Amaranth, was eine Art Getreide ist, auch Hirse, Linsen, Kichererbsen, Hafer, Nüsse und Naturreis sind gut.

Omega-3-Fettsäuren sind wichtig für die Entwicklung des Gehirns, der Augen und für die Gesundheit von Herz und Gefäßen. Diese finden wir in auch in Walnüssen, Rapsöl und Fisch.

Zink ist zwar bei vegetarisch lebenden Menschen nur geringfügig niedriger als bei Menschen, die Fleisch essen. Aber da das Spurenelement..." „... und was war noch mal ein Spurenelement?", fragte Kalle.

„Ein Urstoff, der nur in sehr geringer Menge oder eben in winzigen Spuren vorkommt", erinnerte sich Coco sofort.

„Genau!"

„Für Kinder ist das sehr wichtig. In tierischen Lebensmitteln ist mehr Zink als in pflanzlichen. Leider kann unser Körper das Spurenelement Zink schlecht speichern, sodass wir es regelmäßig in ausreichender

Menge mit der Nahrung aufnehmen müssen. Zink ist wichtig für Immunsystem, Wachstum, die Wundheilung und viele Stoffwechselvorgänge im Körper. Wachstumsstörungen können Anzeichen eines Zinkmangels sein. Zink ist in Fleisch, Milchprodukten und Fisch, aber auch Vollkorngetreide, Hülsenfrüchten und Nüssen", wusste Kalle.

Wenn Kinder vegetarisch essen: das Vitamin B12 nicht vergessen!

„Über das wichtige **Vitamin B12** haben wir vorhin ja auch schon gesprochen", erinnerte der Kochbär die Freunde Coco und Andy. „Das kann im Körper über einen längeren Zeitraum gespeichert werden – und zwar in der Leber. Es ist an der Bildung von roten Blutkörperchen und Zellkernen beteiligt. Es ist wichtig für die Nervenfunktion und kommt in allen tierischen Lebensmitteln vor. Auch beispielsweise wieder in Fleisch, Fisch, Eigelb, Leber und Milchprodukten.

In pflanzlichen Lebensmitteln kommt B12 nicht vor. Möglicherweise sind aber sehr geringe Mengen Vitamin B12 in vergorenen Lebensmitteln wie Sauerkraut, milchsaurem Gemüse oder fermentierten Sojaprodukten enthalten.

Das **Vitamin B12** kommt in nennenswerten Mengen also nur in tierischen Lebensmitteln vor. Wer Käse, Joghurt und Eier isst, muss sich um die Vitamin B12-Versorgung meist keine Sorgen machen. Wer sich dagegen rein pflanzlich ernährt, muss das Vitamin aber **in jedem Fall** über **Nahrungsergänzungsmittel** hinzufügen.

Dieses Vitamin ist wichtig für die Zellteilung, die Bildung von roten Blutkörperchen und das Nervensystem. Wenn Kinder zu wenig Vitamin B12 zu sich nehmen, kann sich das in Wachstums- und Konzentrationsstörungen, in Kreislauferkrankungen oder Abgeschlagenheit äußern!", erklärte der schlaue Kochbär.

Die Wachstumsphase ist eine sensible Zeit

Solange Kinder und Jugendliche im Wachstum sind,
ist es wichtig, dass sie alle notwendigen Nährstoffe
in ausreichender Menge bekommen. Vegetarisch
ernährte Kinder haben aufgrund ihres im Vergleich
zu Erwachsenen deutlich höheren Nährstoffbedarfs
pro Kilogramm Körpergewicht also auch ein er-
höhtes Risiko einer Mangelversorgung. Wichtig ist
daher, auf eine gute Versorgung mit **Eisen, Omega-
3-Fettsäuren, Zink und Vitamin B12** zu achten.

„Nach so viel Wissenswertem gibt es jetzt wieder etwas
zu Essen!", kündigte Kalle Kochbär an.
  „Darauf freue ich mich schon", antworte Coco.
  „Ich auch!" meinte Andy.
  „Wollt ihr mithelfen?"
  „Klar!"
  „Dann geht es jetzt los... Wir bereiten uns nun einen
leckeren Auflauf mit Ei,", kündigte Kalle an...

Rezept für einen: Spinat-Nudelauflauf mit Ei

<u>Zutaten für 4 Personen</u>

2 Packungen Rahmspinat, tiefgekühlt, à 450 g
1 Zwiebel
1 Knoblauchzehe
2 Esslöffel Öl (Rapsöl oder Olivenöl)
500g Vollkornnudeln (z.B. Spiralen)
Salz und Pfeffer
Muskat
4 Eier
100g geriebener Käse

<u>Zubereitungszeit ca. 20 Minuten,</u>

Die Zwiebel und die Knoblauchzehe schälen und fein würfeln. Das Öl in einem großen Topf erhitzen und Knoblauch und Zwiebeln glasig anbraten. Den Spinat dazugeben und langsam nach Packungsanleitung auftauen und garen. Danach großzügig mit Salz, Pfeffer und Muskat würzen. Nicht sparen, da der Auflauf sonst zu mild wird.

In der Zwischenzeit die Nudeln in kochendem Salzwasser nach Packungsanleitung bissfest kochen. Abschrecken und zum Spinat geben und alles gut vermischen.

Die Mischung eine große Auflaufform geben. Den geriebenen Käse darüber streuen. Vier Vertiefungen mit einem Löffel eindrücken und dort je ein rohes Ei vorsichtig hineingleiten lassen.

Im vorgeheizten Backofen bei 200 Grad backen. Der Auflauf ist fertig, wenn die Eier gestockt sind.

„Ich verstehe überhaupt nicht, warum viele Kinder keinen Spinat mögen", wunderte sich Coco.

„Das ist so lecker", bestätigte Andy.

„Genau! Und Spinat ist sehr gesund. Vielleicht haben Kinder noch nie Spinat mit anderen Lebensmitteln zusammen gegessen, die sie gerne mögen", überlegte Kalle Kochbär.

Den drei Freunden hat der „Spinat-Nudelauflauf mit Ei" jedenfalls so gut geschmeckt, dass nichts übrig geblieben ist.

Was ist eine Lebensmittelpyramide?

Nach dem Essen führte Kalle Kochbär den Affen Coco und den kleinen Bären Andy in einen anderen Raum. Hier standen viele bunte Würfel herum.

„Wisst ihr, was eine Lebensmittelpyramide ist?", fragte er.

„Nö", schüttelte Andy den Kopf.

„Hm, Pyramide? Gibt es so was nicht in Ägypten?", überlegte Coco.

Da musste Kalle lachen. „Nein! Mit einer Lebensmittelpyramide kann man sehr gut zeigen, wie man welche Lebensmittel einordnen kann. Also zu welchen Gruppen sie gehören. Es gibt grüne, gelbe und rote Würfel", zeigte der Kochbär. Wie bei einer Verkehrsampel."

„Und da sind Bilder drauf", stellte Andy sofort fest.

„Grüne Würfel sind wohl eher gut und rote schlecht", stellte der Affe fest.

„Genau!"

Dann sortierten die Freunde die verschiedenen Würfel erst einmal nach ihren Farben und Kalle begann mit dem Sortieren der ersten Reihe.

„Wir haben schon viel über das Essen gesprochen. Aber noch nicht über Getränke. Für Getränke gilt das ebenso wie für das Essen: Vieles ist viel zu süß und enthält zu viel Zucker."

„Weil auch hier Firmen sehr viele Getränke verkaufen?", fragten Affe und Bär gemeinsam.

„Richtig!", nickte Kalle. „Beginnen wir nun in der untersten Reihe, mit den Getränken. Wasser ist am gesündesten. Nicht nur Mineralwasser, auch Leitungswasser ist ein Lebensmittel, das streng kontrolliert wird!“

Da mussten die beiden aber Tiere lachen. „Wir waschen uns mit einem Lebensmittel?“, stellten sie fest. Darüber hatten die Freunde noch nie nachgedacht.

„Wir trinken eigentlich nur Wasser“, überlegte Coco.

„Manchmal tun wir auch Obstsaft oder Honig hinein“, ergänzte Andy.

„Sehr gut und schlau“, lobte Kalle. „Gesund ist auch Tee ohne Zucker oder mit etwas natürlicher Süße, wie zum Beispiel Honig und Obst. Auch Gemüsesaft geht. Man kann viele Gemüsesorten und fast alles, was es an Obst gibt, zu Saft verarbeiten“, erklärte Kalle weiter.

So standen bald die ersten sechs grünen Würfel in der untersten Reihe nebeneinander. Die meisten Würfel-Bilder zeigten aber ein Glas Wasser.

In der zweiten Reihe folgten nun weitere, grüne Würfel mit Bildern von Obst und Gemüse. Dazu gehören nicht nur Apfel und Banane, was natürlich dem Affen am Besten gefiel. Es folgten dann nach dem Obst auch Gemüse wie Möhren, Bohnen und auch Tomatensaft als Beispiel für alles an pflanzlichen Lebensmitteln, was wir mit der Nahrung essen und trinken sollten. – Obst und Gemüse enthalten auch gesunde Ballaststoffe!

„Ballaststoffe sind pflanzliche Faser- und Quellstoffe. Sie sind weitgehend unverdaulich und enthalten praktisch keine Kalorien – früher hielt man sie deshalb für Ballast. Inzwischen weiß man: Ballaststoffe sind für unsere Gesundheit unverzichtbar“, erklärt Kalle Kochbär.

Auch Kohlenhydrate waren noch auf den „grünen“ Lebensmittel-Würfeln zu finden. In die dritte Reihe kam nun alles, was man zum Beispiel aus Getreide herstellen kann: Brot, Nudeln und ebenso gehören Kartoffeln zu den Lebensmitteln mit Kohlenhydraten.

„Kohlenhydrate liefern dem Körper Energie. Sie sind wichtig für viele Stoffwechselvorgänge und für die Organe. Vor allem die Muskeln und das Gehirn brauchen viele davon“, erklärte der Kochbär.

Es folgte jetzt die vierte Reihe der Lebensmittelpyramide mit gelben Würfeln. Diese sagen uns: Achtung! Das dürfen wir essen und trinken. Aber nicht zu viel davon!
Es sind tierische Produkte wie Fisch, was natürlich auch Andy, der kleine Bär, gerne mag, aber ebenso Käse aus Milch, dazu Eier, Hühnchen und Milchprodukte. Auch Rindfleisch und Schweinefleisch gehört dazu. Sogar Honig ist ein „tierisches“ Produkt.

„Aber wir sollten nie zu viel davon essen und alles möglichst nicht durch die Lebensmittelindustrie verändert. Dazu ohne zusätzliches Fett, Zucker oder Salz hergestellt", erklärte Kalle.

Jetzt waren nur noch drei rote Würfel übrig.
„Nun wird es gefährlich", flüsterte Coco dem Bären zu.
In die fünfte Reihe kamen Öle und Butter. Also Fette! Wobei man Fette unterscheiden muss. Wie gesagt, gibt es gesättigte (*ungesunde*) und ungesättigte (*gesunde*) Fette...

Nun wird es etwas kompliziert, denn Biochemie spielt jetzt eine entscheidende Rolle...

Gesättigte Fettsäuren. Sie erhöhen die Menge des LDL-Cholesterins im Blut stärker als andere Fette. LDL heißt: „Low Density Lipo-Protein", das bedeutet: Lipo-Protein ist ein Eiweißstoff, der im Blut gemessen werden kann. Erhöhte Werte weisen auf ein gesteigertes Risiko für Herz-Kreislauf-Erkrankungen hin. Lipo-Proteine bestehen aus Fetten, die Lipide genannt werden und aus Eiweißen, die als Proteine bezeichnet werden. Sie sind vereinfacht gesagt „Lasttaxis". LDL steht für das „schlechte" Cholesterin.

Ungesättigte Fettsäuren. Sie kommen in hoher Konzentration in Nüssen, Samen, fettem Fisch und Pflanzenölen wie zum Beispiel Raps-, Soja- und Olivenöl vor. Das so-

genannte HDL-Cholesterin „High Density Lipo-Protein"
wird oft als „gutes Cholesterin" bezeichnet. Eine große
Menge an HDL-Cholesterin kann dem Körper dabei
helfen, die allgemeinen Cholesterin-Werte niedrig zu
halten.

Auf die Spitze der Lebensmittelpyramide setzte Kalle
Kochbär nun den letzten roten Würfel. Er steht für das
„schlechte" Cholesterin, für zu süße- oder zu salzige Lebensmittel. Wenn man zu viel davon isst, wird man dick
und dadurch krank.
  Aber genau diese Lebensmittel sind halt so lecker. Trotzdem sollte jeder, ob Kind oder erwachsener Mensch, lernen, wie gut natürliche und unverfälschte Lebensmittel
schmecken und mehr davon essen. Süßes sollte daher
eher die Ausnahme sein.

So verstanden Coco und Andy sehr gut, was eine Lebensmittelpyramide ist und dass sie nicht in Ägypten,
sondern eher in der Küche zu finden ist. Die Lebensmittelpyramide erinnert auch jeden daran, mit welchen
Nahrungsmitteln man gesund kocht.

Wozu braucht man den Nutri–Score?

„Es gibt aber noch eine andere Ampel", erklärte Kalle jetzt dem Affen Coco und dem Bären Andy. „Mit dem Nutri–Score, man kann auch sagen, es sind „Nahrungs-Punkte", werden Lebensmittel nach Farben bewertet. Hier kann man direkt im Laden schon auf der Packung erkennen, ob ein Lebensmittel gesund ist oder nicht. Das geht vom Buchstaben „A", grün, für gesund, bis „E", rot, für ungesund…

Dazu muss man aber wissen, dass dieses Ampelsystem für die Herstellerfirmen von Lebensmitteln freiwillig ist. Klar! – Welcher Hersteller druckt schon gerne auf die Packung, dass sein Lebensmittel ungesund ist.

Außerdem wird auch beim Nutri-Score gerne „gepfuscht"!

Firmen stellen bei der Bewertung gute Inhaltsstoffe in den Mittelpunkt und verschweigen nicht so gute Inhaltsstoffe, oder bezeichnen sie so, dass man sie nicht gleich erkennt. Darüber haben wir ja schon bei den Begriffen gesprochen, die mit „ose" enden. Also „Fruktose", „Saccharose", „Maltose" und „Glucose" oder auch – „Sirup" (wie in Malzsirup) und vieles andere, das auf zugesetzten Zucker hindeutet.

Aber es gibt ebenso Firmen, die genau ausrechnen, wie viel man pro Mahlzeit von ihren Produkten essen darf, um im „gesunden" Bereich zu bleiben. Diese Hersteller sagen dann: „Eine Hand voll!" – Wie bitte? Eine Kinderhand voll oder eine Hand voll von Mutti oder Vati?

Das ist schon sehr boshaft. Wer isst nur fünf Gummibärchen, zwei Stückchen Schokolade, oder fünf Kartoffelchips, um gerade dann aufzuhören, wenn es erst richtig lecker wird?

Also sollte man bei Lebensmittelampeln immer vorsichtig sein und nicht immer alles glauben, was auf Lebensmittelpackungen steht!", erklärte Kalle Kochbär weiter.

„Ich denke, dann müsste auf jedem Bio-Apfel oder Bio-

Obst und Gemüse grundsätzlich ein großes, grünes „A“ draufstehen“, überlegte Coco.

„Richtig“, stimmte Kalle Kochbär zu. „Aber warum sollte man das tun? Jedes Kind weiß doch, dass Bio-Obst und Gemüse gesund sind, oder?“

„Also tun das mit der Lebensmittelampel wohl meistens nur die Firmen, die damit ihr Ansehen aufpolieren möchten“, stellte Andy fest.

„So ist das wohl“, nickte Kalle zustimmend. „Und die anderen lassen die Lebensmittelampel lieber gleich weg.“

Warum werden so viele Lebensmittel vernichtet?

„Ja, das mit der Lebensmittel-Überproduktion ist schon eine schlimme Sache, über die aber nicht so gerne gesprochen wird", stöhnte Kalle der schlaue Bär. „Ein Drittel aller Nahrungsmittel wird nicht verzehrt. Das können wir uns eigentlich gar nicht leisten. Sogar fast jede dritte Möhre wird nicht geerntet. – Weil man zu viele davon produziert."

Und dann gibt es noch die Sache mit den abgelaufenen Mindest-Haltbarkeits-Daten (MHD) – Sind zwei Wochen drüber noch okay? Viele Verbraucher werden verunsichert und entsorgen das Produkt lieber vorsichtshalber. Dabei halten die meisten Lebensmittel deutlich länger als auf dem Datum angegeben...
Mehrere im Auftrag der Umweltorganisation „*Greenpeace*" durchgeführte Untersuchungen des Labors der österreichischen Lebensmittel-Versuchs-anstalt (LVA) zeigten, dass Bio-Produkte auch noch Wochen nach Ablauf des MHD-Datums bedenken-los genießbar waren.

„Stellt euch vor, ein Natur-Joghurt war selbst mehr als zwanzig Wochen nach dem MHD-Datum noch einwandfrei zu verzehren. Eier zeigten selbst nach Verdreifachung der MHD-Frist keine Beeinträchtigung – ältere Eier sollten allerdings nicht zu Frischeiprodukten verarbeitet werden. Das Vertrauen auf die eigenen Sinne wie Sehen, Riechen, Schmecken oder einfache Tests wie zum Beispiel der Schwimmtest bei Eiern, sind häufig aussagefähiger als das MHD...", meinte Kalle Kochbär.

Der Schwimmtest für Eier

„Was ist denn eine Schwimmtest für Eier?", wollte Coco natürlich sofort wissen.

Kalle lächelte und holte zwei Gläser herbei, die er mit Wasser füllte. Dann hatte er ebenso zwei Eier dazu geholt und legte sie vorsichtig in die mit Wasser gefüllten Gläser.

Das erste Ei sank sofort nach unten. Das andere Ei schwamm an der Wasseroberfläche.

„Na, ihr beiden, welches ist wohl das frische Ei?", fragte Kalle.

Die Freunde diskutierten miteinander und waren sich am Ende nicht einig.

„Ich denke, es könnte das unten schwimmende Ei sein", meinte Andy.

„Und ich denke, es könnte das andere Ei sein", überlegt Coco.

„Warum?"

„Keine Ahnung", meinten die Freunde etwas ratlos.

„Andy hat recht", nickte Kalle. „Sinkt das Ei nach unten, ist es noch frisch. Schwimmt das Ei an der Wasseroberfläche, ist es alt! – Warum? Weil sich in dem alten Ei Gase bilden! Auch wenn man meint, dass die Eierschale dicht sei, so kommt doch auch Sauerstoff durch die Schale hinein. Wird das Ei zu alt, bildet die Luft darin Gase und die lassen das alte Ei dann an der Wasseroberfläche schwimmen!"

Auch wenn der schlaue Coco dieses Mal unrecht hatte, war er doch nun wieder etwas schlauer. Und dieses neue Wissen würde er nun nicht mehr vergessen.

Ist ein Produkt wirklich ungenießbar?

Das Mindest-Haltbarkeits-Datum (MHD) ist kein Verfallsdatum, sondern soll zuvor versprochene Eigenschaften eines Lebensmittels garantieren. Dazu gehören auch Cremigkeit oder Farbe.
Im Gegensatz dazu werden leicht verderbliche Produkte wie frisches Hack- oder Geflügelfleisch zu Recht mit einem Verbrauchsdatum versehen, das nicht überschritten werden sollte!

„Ich habe soeben gesehen, dass ihr beiden euren Teller immer leer gegessen habt", lobte Kalle Kochbär zufrieden.

„Klar, wenn es schmeckt, isst man doch immer alles auf, oder?", fragte Andy.

„Aber viele Kinder und Erwachsenen tun das nicht!"

„Weil es ihnen nicht schmeckt?", wollte Coco wissen.

„Nö, weil sich viele Menschen viel zu viel auf den Teller tun und nicht nachdenken. Man sagt dazu auch, die Augen sind größer wie der Magen."

„Aber das ist doch dumm!", stellte der Affe fest.

„Genau! Wir leben im Überfluss von Lebensmitteln. Die Menschen denken überhaupt nicht darüber nach, was mit den nicht aufgegessenen Lebensmitteln passiert."

„Das will aber dann doch keiner mehr essen!", meinte
der kleine Bär.

„Eben! In vielen Ländern der Welt wird gehungert und
wir werfen leider viel zu oft unsere Lebensmittel einfach
weg. Das ist falsch! Aber es werden ja nicht nur gekochte
Lebensmittel weggeworfen. Auch ungekochte! Obst, Gemüse, Brot, Fleisch. Eigentlich alles, was so produziert
wird. Es gibt immer wieder Berichte darüber, dass jeder
Mensch ungefähr 78 Kilogramm Lebensmittel-Abfälle
pro Kopf und Jahr in Deutschland in seinen privaten
Haushalts-Abfall wirft. Wertvolle Lebensmittel werden
dadurch vernichtet. Wenn man alles zusammennimmt,
sind das unendlich viele Tonnen, mit denen man ganze
Eisenbahnzüge beladen könnte."

„Warum sind denn die Menschen so dumm?", wollte
Andy wissen.

„Eigentlich sind die Hersteller mit zu viel produzierten
Lebensmitteln eher schlau!"

„Was? Warum das denn?", wollten die Freunde wissen.

„Weil auch an vernichteten und überproduzierten Lebensmitteln viel Geld verdient wird! Viele Bauern und
Lebensmittelproduzenten rechnen vorher aus, wie viele
Lebensmittel wir überhaupt nicht essen, aber sie trotzdem verkaufen", erklärte der Kochbär. „Die Kunden sind
auch selbst schuld daran."

„Wieso?"

„Weil viele Menschen nur makelloses Obst und Gemüse kaufen wollen. Ein etwas verformt gewachsener oder fleckiger Apfel oder krumme Mohrrüben bleiben oft liegen, oder werden vorher aussortiert und gar nicht erst verkauft. Hinzu kommt, dass viele Supermärkte ihre Lebensmittel in zu großen Mengen verpacken. Dadurch bleibt im Haushalt viel zu oft etwas übrig. Das wird dann alt und landet schließlich im Abfalleimer."

„Das ist überhaupt nicht gut", überlegte Coco.

„Richtig! Die Hersteller planen das aber vorher so und denken nur an das verdiente Geld. – Man kann Rosenkohl zum Beispiel nur im Netz kaufen. Früher, auf dem Wochemarkt, konnte man die Menge selber bestimmen. Die kam dann in eine Papiertüte. So blieb anschließend nichts übrig. – Mir hat mal jemand erzählt, dass seine Nachbarin immer wieder zu viel Obst und Gemüse kaufte und dann Reste einfach wegwarf. Darauf angesprochen, meinte sie: Ich habe es bezahlt, also kann ich auch damit machen, was ich will!" erinnerte sich Kalle.

„Eben nicht!". empörte sich Andy.

„Genau! Man belastet die Umwelt, den Acker und die Böden mit Lebensmitteln, die man vollkommen sinnlos produziert. Weil es ein riesiges Geschäft ist. – Denken wir nur daran, wie es früher beim Bäcker war!", erinnerte sich der schlaue Kochbär. „Wenn es auf den Feierabend zu ging, waren die Regale in den Bäckereien fast leer. Viele Bäcker verkauften dann restliche Brote oder andere Backwaren zum reduzierten Preis. Irgendwann aber erwartete der Kunde auch kurz vor Geschäftsschluss volle Regale und die Bäcker taten, was gewollt wurde. Das führte zu riesigen Überproduktionen…"

„Und dann?" fragte Coco erschrocken.

„Tja, so wurden Mehl und andere Zutaten verschwendet. Dazu auch noch Strom für die Öfen und ebenso Arbeitszeit. – Inzwischen machen das viele Bäcker nicht mehr, weil sie eingesehen haben, dass Verschwendung dumm ist. Oft werden Reste jetzt zu neuem Teig verarbeitet und dann mit frischen Zutaten zu neuen Backwaren verarbeitet. Oder es wird eben weniger gebacken oder zum reduzierten Preis verkauft!"

„Das ist schlau!", überlegte Andy.

„Aber wenn die großen Lebensmittelläden so viele noch gute Sachen einfach wegwerfen, würde ich dann heimlich was mitnehmen", überlegte Coco.

„Darauf sind manche junge Leute auch schon gekommen. So was nennt man dann „Containern"!"

„Containern?", fragten die Freunde.

„Ja, genau. Die Lebensmittelretter, wie sie sich nennen, sind dann abends im Dunklen heimlich auf die Hinterhöfe der Lebensmittelläden geschlichen und haben aus den Lebensmittelcontainern geholt, was noch essbar war. Da kam viel zusammen, aus dem man noch sehr gute Sachen kochen konnte…"

„Toll!", klatschten die beiden Freunde Beifall.

„Nicht so toll", entgegnete Kalle. „Einige hat man erwischt und bei der Polizei wegen Diebstahl angezeigt. – Weil sie etwas weggenommen haben, das ihnen nicht gehörte. Viele Supermärkte haben dann ihre Container gegen Diebstahl hinter hohen Zäunen versteckt und abgeschlossen..."

„Echt?", fragte Coco. „Man kann auch stehlen, was andere nicht mehr wollen und wegwerfen?"

„Ja, weil im Laden weniger gekauft wird, wenn man Sachen verschenkt! Inzwischen hat sich zum Glück auch manches geändert. Viele Lebensmittelgeschäfte verschenken unterdessen ältere oder nicht mehr so gute Lebensmittel an Menschen, die arm sind und sich dadurch manches an Essen nicht leisten können. – In vielen deutschen Städten gibt es Einrichtungen, die sich „Tafel" nennen. Das heißt so, weil man einen gut gedeckten Tisch auch Tafel nennt. Es sind große Räume, wo Menschen freiwillig anderen helfen und das weitergeben, was mit großen LKW vorher von den Supermärkten als geschenkte Waren abgeholt wurde."

„Das ist eine gute Sache", lobte Andy, der kleine Bär.

„So was nennt man soziale Arbeit. Aber eigentlich sollte es so was im reichen Deutschland gar nicht geben. Doch der deutsche Staat verlässt sich inzwischen auf viele freiwillige Helfer und nimmt es als selbstverständlich hin, dass man sich untereinander hilft."

„Eigentlich traurig, wie ungleich alles verteilt wird",

stellte Coco fest. „Ich teile alles mit Andy, was ich zu Essen habe!"

„Da finde ich toll. Doch nicht alle Menschen sind nett zueinander", stellte Kalle fest.

„Wir Tiere sind nicht so wählerisch und auch nicht gierig", überlegte Andy der kleine Bär.

Auch das wusste Kalle genau: „Die Menschen sollten auch krummem Obst und Gemüse eine Chance geben. Sie sollten auf dem Markt auch herzförmige Kartoffeln oder vernarbte Tomaten kaufen, das hilft gegen Lebensmittelvernichtung. Auch einige Supermärkte verkaufen inzwischen Obst und Gemüse, das sich nicht in eine Vorschrift pressen lässt.

Übrigens hält Obst und Gemüse aus der Region länger, weil es keinen langen Weg hinter sich hat. Und wenn der Einkauf sowieso am Abend im Kochtopf landet?" fragte Kalle schließlich. „Vielleicht kann man dann auch Lebensmittel mit auslaufendem Mindesthaltbarkeitsdatum essen!"

Und hier noch ein paar wertvolle Tipps:

Man sollte nur das einkaufen, was wirklich aufgebraucht wird. Nicht verbrauchte Lebensmittel, die sich nicht lange halten, kann man auch an Nach-

barn oder Freunde verschenken. Oder mal Freunde
zum Essen einladen. Vieles kann man ebenso sehr
gut einfrieren.

„Es ist auch lecker, Reste zu verkochen: Spaghetti von
gestern, ein schrumpeliger Fenchel und ziemlich weiche Tomaten. Auch daraus lässt sich noch eine leckere
Mahlzeit herstellen", rät der schlaue Kalle Kochbär.
„Und dann sollte man sich auch trauen, das Menü, was
man im Restaurant doch nicht ganz geschafft hat, in
Frischhaltedosen mitzunehmen oder einpacken zu lassen! So wird leckeres Essen nicht vernichtet...", erklärt
Kalle Kochbär.

Kuchenrezept für eine:
Leckere Rhabarber-Pudding-Tarte

„Wisst ihr eigentlich, welches Obst oder Gemüse in welcher Jahreszeit wächst?" Wollte der schlaue Kochbär nun von den Freunden wissen.

„Ja, klar, wir leben in und mit der Natur. Wir wissen genau, wie so ein Jahr in der Natur abläuft", antwortete Coco.

„Dann wisst ihr bestimmt auch, wann die Erntezeit für Rhabarber beginnt, oder?" „Anfang Mai. Sie endet mit dem Johannistag Ende Juni", wusste Coco ganz genau.

„Du bist aber ein schlaues Äffchen", war Kalle wirklich überrascht.

„Und wir sind genau in dieser Zeit", stellte Andy fest.

„Richtig! Wir backen jetzt eine leckere Rhabarber-Pudding-Tarte. – Also, eine Tarte ist eigentlich ein französischer Kuchen. Der ist flach, süß und schmeckt sehr saftig. Wir backen unsere Tarte mit einem einfachen Mürbeteig. Man kann auch Blätterteig verwenden. Was haltet ihr von leckerem Mürbeteig?"

„Oh ja", riefen Coco und Andy schon voller Vorfreude.

So holte Kalle Kochbär alle Zutaten zusammen und das Backen begann...

Die Rhabarber-Pudding-Tarte reicht für 4 Personen

(Zubereitungszeit: 120 Minuten)
Man benötigt eine Tarteform (20 cm)

Zutaten:

Für den Mürbeteig braucht man:

140 g weiche Butter
250 g Weizenmehl
1 Prise Salz
100 g Zucker
1 Ei
1 EL Milch
variabel: 3 EL Mohn

Für die Puddingfüllung braucht man:

200 Milliliter Sahne
300 Milliliter Milch
1 Vanilleschote (oder 2 Päckchen Vanillezucker)
1 Prise Muskatnuss
8 Eigelb
100 g Zucker
300 – 500 g Rhabarber

<u>Zubereitung:</u>

1. Für den Mürbeteig die Butter, das Mehl und das Salz miteinander verkneten, bis es aussieht wie Brotkrümel. Dann kommen Zucker, Ei, Milch und wer mag auch Mohn dazu. Alles miteinander zu einem Teig verkneten. Entweder im Kühlschrank ruhen lassen oder gleich ausrollen und in die Tarteform (20 cm) geben. Mit einer Gabel einstechen und 30 Minuten im Kühlschrank ruhen lassen. Dann bei 180° Grad Umluft backen, bis der Teig goldbraun ist.

2. Für die Puddingfüllung die Milch mit Sahne, mit dem Mark der Vanilleschote und etwas geriebener Muskatnuss aufkochen. Die Eigelbe währenddessen mit dem Zucker verrühren. Anschließend Milch-Sahne-Masse langsam Schluck für Schluck zum Ei-Zucker-Gemisch gießen. Aber langsam, weil das Ei nicht gerinnen soll. Wenn alles verrührt ist, ein paar Minuten abkühlen lassen.

3. In der Zwischenzeit den Rhabarber waschen und in Stücke schneiden. Dann die Puddingmasse behutsam in die Teigform gießen und den Rhabarber gleichmäßig in der Flüssigkeit verteilen. Dann wird die Tarte für weitere 40 Minuten bei 140° Grad Umluft gebacken, bis die Eimasse gestockt ist, aber noch leicht wackelt.

4. Fertig!

„Natürlich sollte man so einen Kuchen nicht zu oft essen. Sahne, Butter und Zucker schaden in kleinen Mengen nicht. Sie sind etwas für echte Genießer wie ihr", lächelte Kalle und legte für jeden ein Stück Rhabarber-Pudding-Tarte auf je einen Teller.

Hmm, das schmeckte allen sehr gut.

Lebensmittel der Saison

Rhabarber kann man oft direkt im Hofladen kaufen, oder auf dem Wochenmarkt. Die Frische lässt sich an saftigen Schnittstellen erkennen. Im Kühlschrank eingeschlagen in ein feuchtes Tuch bleibt Rhabarber einige Tage knackig und fest. Für einen ganzjährigen Genuss lässt er sich gut einfrieren – so-

wohl roh als auch verarbeitet. Denn am 24. Juni endet die Erntezeit, damit sich die mehrjährigen Pflanzen regenerieren und Kraft für den Austrieb im nächsten Jahr sammeln können. Wer frischen Rhabarber sieht, sollte also unbedingt zugreifen und diese saisonale Besonderheit des Jahres genießen.

Obst und Gemüse, wann gibt es was?

„Die größte Auswahl an Gemüse gibt es zwischen Juni und Oktober", erklärte der Kochbär nun. „Möhren, Rot- oder Weißkohl, Porree, Rote Bete, Chicorée und Mangold. Dazu gibt es die Obstklassiker Äpfel und Birnen aus heimischem Anbau.

Im September ist auch die Hauptsaison für Brombeeren, Heidelbeeren, Himbeeren, Mirabellen, Pflaumen, sowie Zwetschgen. Ebenso „Renekloden", das ist eine Frucht aus Mirabellen und Pflaumen.
Aber auch im Winter haben einige Gemüsesorten Erntezeit: da gibt es bis Dezember frische Butterrüben. Grünkohl gibt es von Ende Oktober oder Anfang November und dann bis etwa März. Rosenkohl hat von Oktober bis Dezember Saison und Lauch gibt es das ganze Jahr über", erklärte Kalle seinen beiden Gästen.

„Darüber hinaus gibt es viele weitere Gemüsesorten, die in den Wintermonaten aus heimischem Anbau rechtzeitig als Vorrat in großen Hallen eingelagert wurden und dann verfügbar sind. Hierzu gehören unter anderem Kartoffeln, Kürbis, Karotten, Zwiebeln, Rote Bete, Weiß- und Rotkohl.

Auch regionales Obst wie Birne oder Apfel gibt es im Winter aus dem Lager.

Ebenso werden Süßkartoffeln und Champignons das ganze Jahr über angeboten. – Auch Zwiebeln, Kohlsorten, Rote Bete, Kartoffeln und Möhren gibt es als Lagerware das ganze Jahr über. – Je nach Region und Witterungslage wachsen deutsche Erdbeeren ab Mai. Entsprechend können in milden Regionen die ersten Erdbeeren schon ab April bis Mai geerntet werden. Die Erdbeersaison endet spätestens Anfang August. Die Erdbeerzeit ist grob gesagt also von Mai bis Juli und nicht früher!", erklärte Kalle.

Ein Tipp:

„Auch wenn es in den Läden oft schon ab Februar Erdbeeren gibt, sollte man die nicht kaufen. Sie kommen aus warmen, weit entfernten Ländern! Diese Erdbeeren werden oft gegen Schädlinge behandelt und verbrauchen viel Wasser, dass den Menschen in ihren Ländern dann oft fehlt. Auch produzieren die langen Transportwege viele Schadstoffe in der Luft. Und außerdem haben diese Erdbeeren sehr wenig Geschmack! Das gilt auch für andere Obst und Gemüsesorten aus fernen Ländern, die bei uns nun mal später wachsen! Man sollte immer wachsam und mit offenen Augen einkaufen gehen", erklärte Kalle.

„Man muss aber eben auch das Jahr über Geduld haben, bis was wächst", meinte Coco.

„Genau!"

„Aber die Menschen wollen immer alles und das möglichst sofort", wusste Andy.

„Leider! Dadurch machen sie auch vieles falsch", stellte Kalle Kochbär fest.

So ging für den schlauen Affen Coco und den kleinen Bären Andy ein Tag mit leckerem Essen und dazu noch mit viel Wissenswertem über unsere Nahrungsmittel zu Ende. Bald verabschiedeten sich die Freunde von Kalle Kochbär und machten sich auf den Weg, um neue und spannende Abenteuer zu erleben.

Hallo Kinder!

Die Geschichten von Coco und Andy sollen fortgesetzt werden. Der Autor Matthias Müller-Friedrichs schrieb bereits viele weitere Bücher mit lehrreichen Geschichten. Dazu malte er über 300 Bilder. Also, etwas Geduld!

Zusätzlich hat er auch tolle Spiele mit dem Affen und dem Bären erfunden.

Der Affe Coco und Bär Andy haben bereits Wuppertal besucht. Die Stadt in der auch der Autor lebt. Auf 42 Seiten und mit 18 Bildern erzählen die Freunde, was sie dort erlebt haben.

Das Heft kann für 7,95 Euro plus Porto nur beim Autor unter **m.mueller.f@online.de** bestellt werden.

Inzwischen hat Matthias Müller-Friedrichs ein weiteres Buch herausgebracht. Es heißt: „Coco und Andy treffen Wilhelm Tell". Der Autor hat die originale Geschichte von Friedrich Schiller zum ersten Mal als Lesebuch mit Coco und Andy als Begleiter durch den Text umgeschrieben. Softcover, 83 Seiten, mit zehn farbigen Illustrationen des Autors. Verlag BoD, ISBN 978-3-7519-4518-9. Es kostet 8,90 € und ist überall im Buchhandel erhältlich.

Mehr über die tierischen Freunde auch im Internet unter **www.cocoundandy.de.**